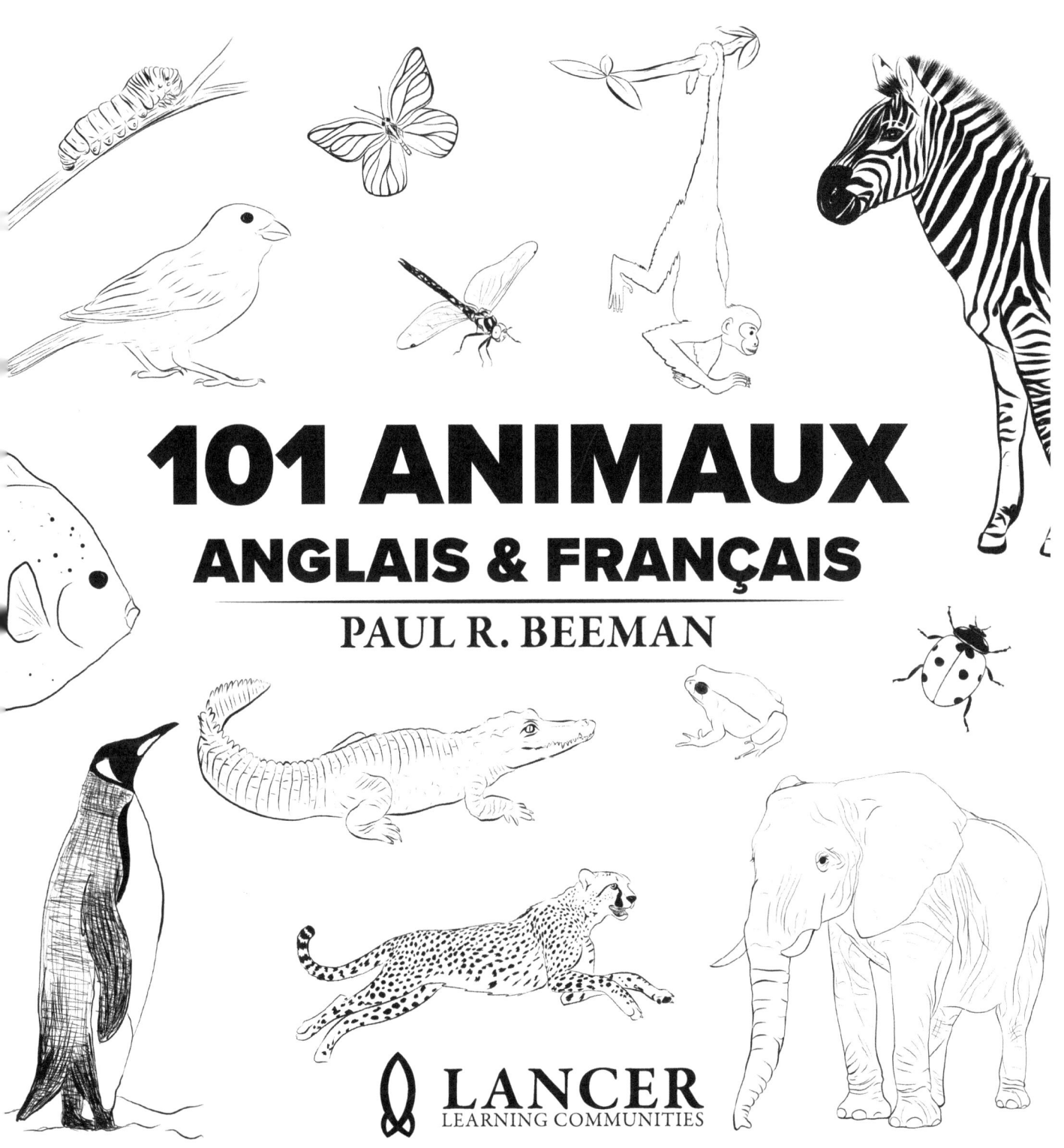

For Keziah, whose face glows with every animal she sees.

-PB

101 Animaux Anglais et Français

Par Paul R. Beeman (Écrit et illustré)

Droit d'auteur © 2025 Paul R. Beeman

Tous droits réservés. Aucune partie de cette publication ne peut être reproduite, distribuée ou transmise sous quelque forme ou par quelque 1 moyen que ce soit, y compris la photocopie, l'enregistrement ou d'autres méthodes électroniques ou mécaniques, sans l'autorisation écrite préalable de l'éditeur ou de l'auteur, sauf dans le cas de brèves citations incorporées dans des revues critiques et certaines autres utilisations non commerciales 3 permises par la loi sur le droit d'auteur.

Publié par Lancer Learning Communities, LLC.

Date de publication : Mai 2025

Site web : books.lancercommunities.com

101 Animaux Anglais et Français

By Paul R. Beeman (Written and Illustrated)

Copyright © 2025 Paul R. Beeman
All rights reserved.

No part of this publication may be reproduced, distributed, or transmitted in any form or by any means, including photocopying, recording, or other electronic or mechanical methods, without the prior written permission of the publisher or the author, except in the case of brief quotations embodied in critical reviews and certain other noncommercial uses permitted by copyright law.

Published by: Lancer Learning Communities, LLC.

Publication Date: May 2025

Website: books.lancercommunities.com

ISBN: 978-1-958941-39-3

Table of Contents
Table des matières

Insects	5	*Insectes*
Mammals	11	*Mammifères*
Birds	22	*Oiseaux*
Sea Animals	28	*Animaux aquatiques*
Reptiles & Amphibians	33	*Reptiles & Amphibiens*

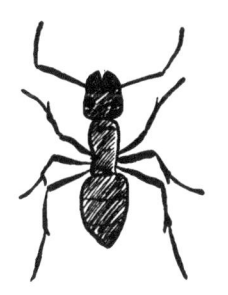
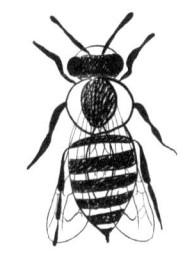
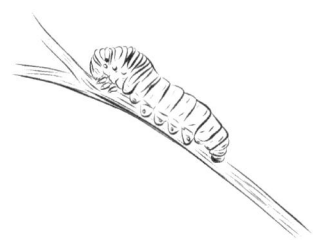
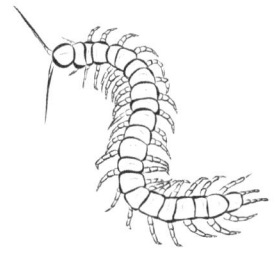
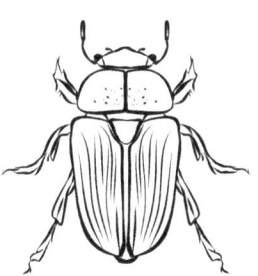

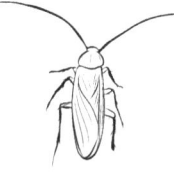
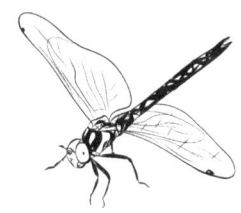

INSECTS
INSECTES

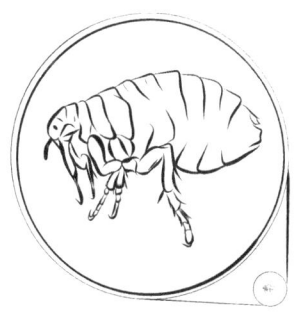

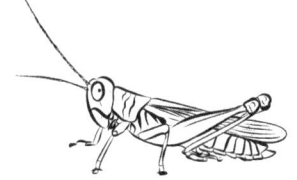

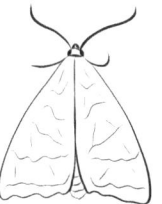

ant

une fourmi

bee

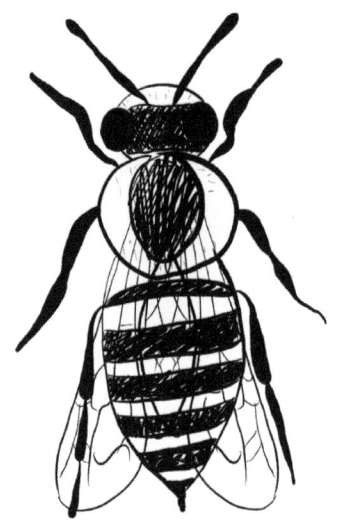

une abeille

beetle

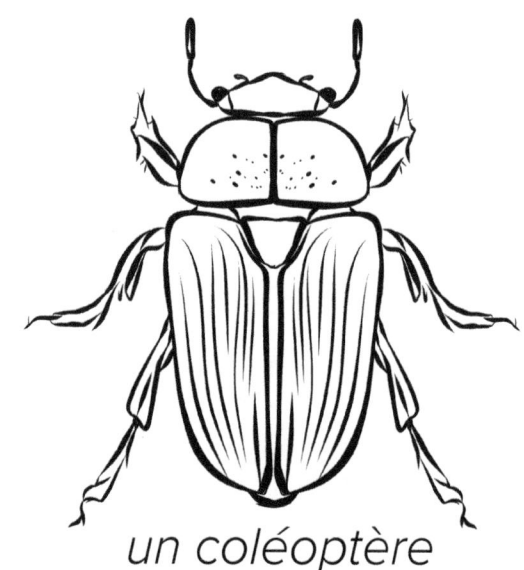

un coléoptère

butterfly

un papillon

caterpillar

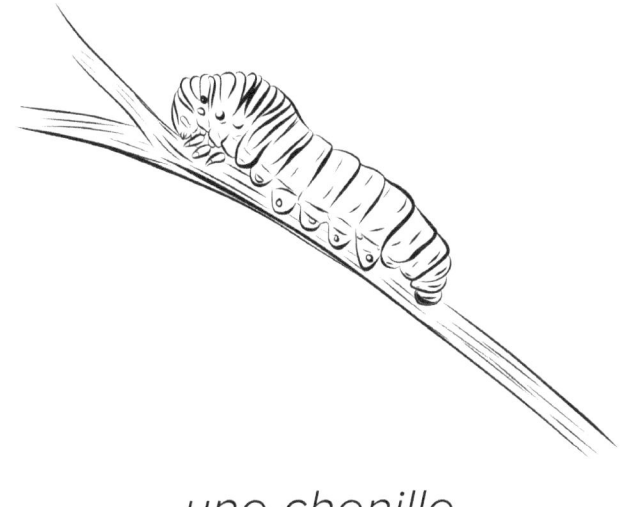

une chenille

centipede

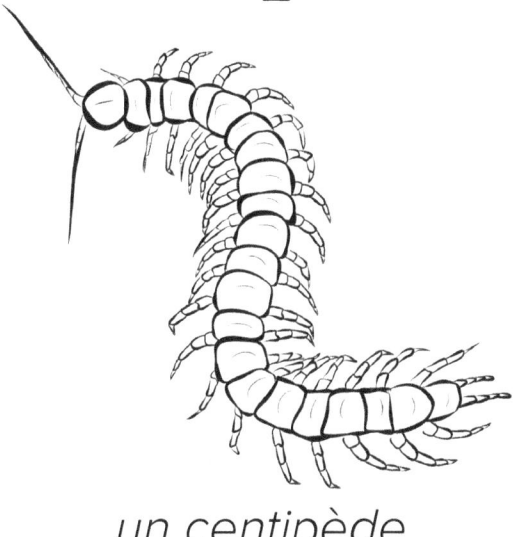

un centipède

cockroach

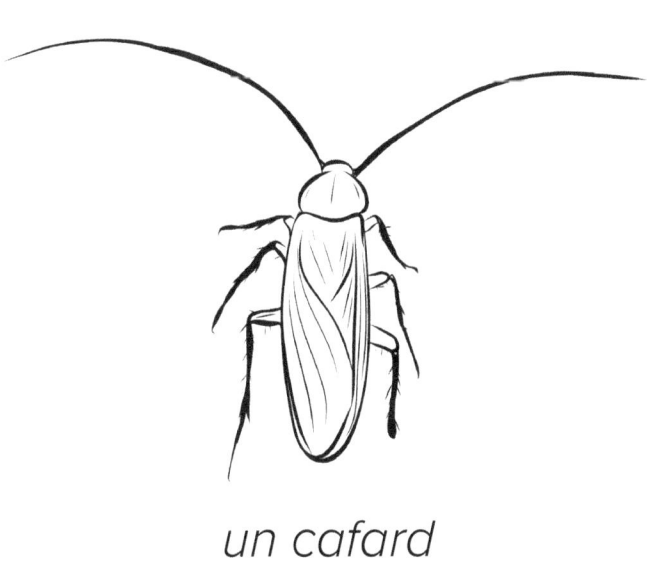

un cafard

dragonfly

une libellule

flea

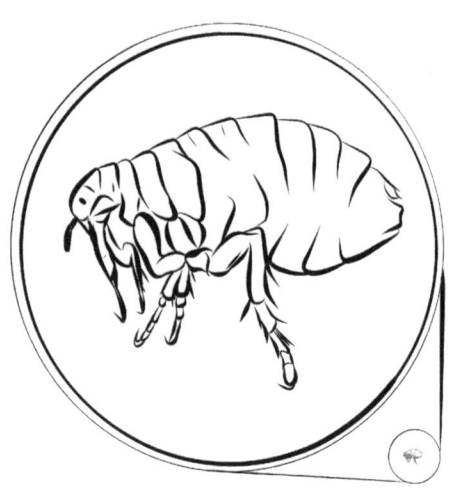

une puce

fly

une mouche

grasshopper

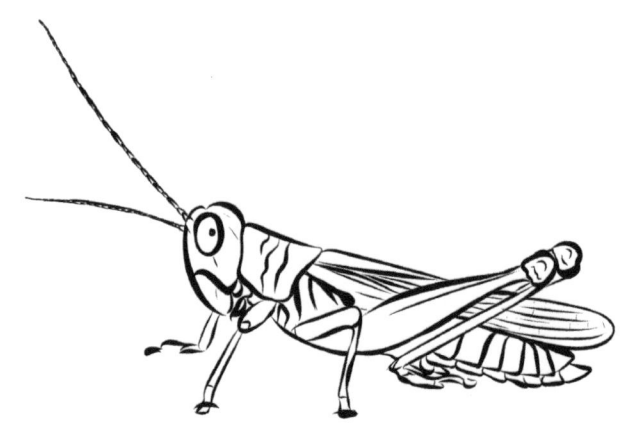

une sauterelle

ladybug

une coccinelle

mantis

une mante religieuse

mosquito

un moustique

moth

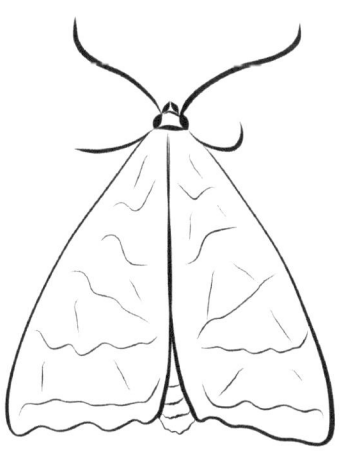

un papillon de nuit

scorpion

un scorpion

snail

un escargot

spider

une araignée

tick

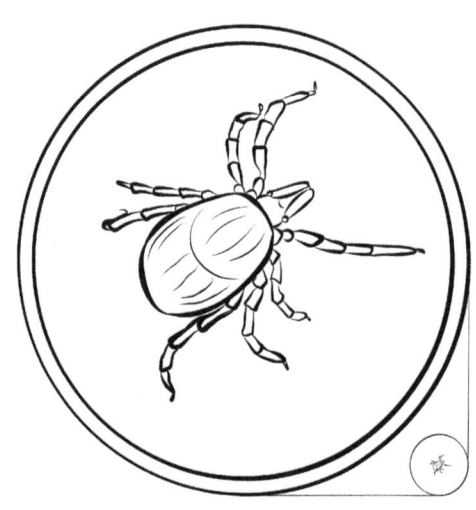

une tique

worm

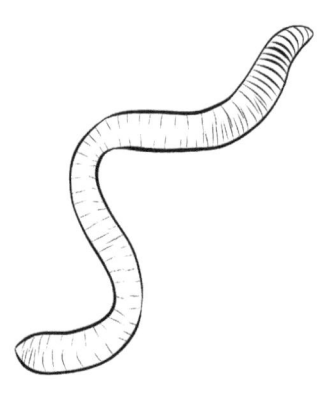

un ver

MAMMALS
MAMMIFÈRES

antelope

une antilope

bat

une chauve-souris

bear

un ours

beaver

un castor

buffalo

un buffle

camel

un chameau

cat

un chat

cheetah

un guépard

cow

une vache

deer

un cerf

dog

un chien

donkey

un âne

elephant

un éléphant

fox

un renard

giraffe

une girafe

goat

une chèvre

gorilla

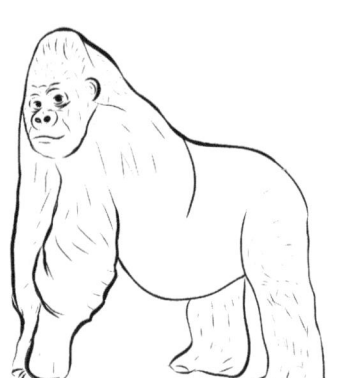

un gorille

hedgehog

un hérisson

hippopotamus

un hippopotame

horse

un cheval

hyena

une hyène

kangaroo

un kangourou

leopard

un léopard

lion

un lion

llama

un lama

mole

une taupe

monkey

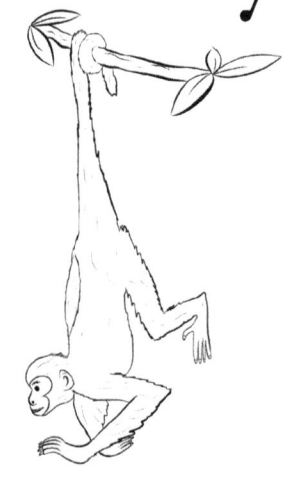

un singe

mouse

une souris

panda

un panda

pig

un cochon

rabbit

un lapin

rat

un rat

rhinoceros

un rhinocéros

sheep

un mouton

squirrel

un écureuil

tiger

un tigre

wolf

zebra

un loup

un zèbre

chicken

hen

une poule

rooster

un coq

poulet

crow

une corneille

dove

une colombe

duck

un canard

eagle

un aigle

falcon

un faucon

goose

une oie

hawk

un épervier

ostrich

une autruche

owl

un hibou

parrot

un perroquet

peacock

un paon

penguin

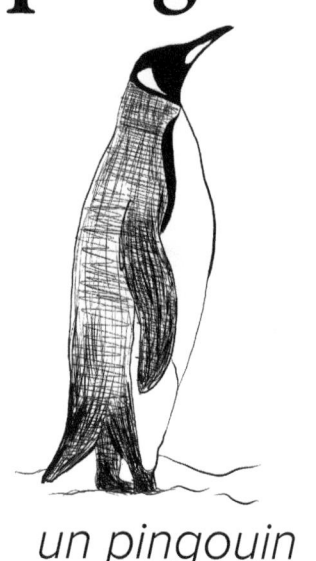

un pingouin

robin

un rouge-gorge

sparrow

un moineau

swan

un cygne

turkey

vulture

un dindon

un vautour

  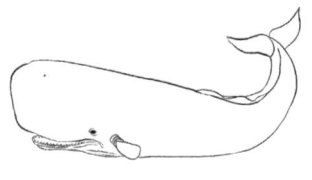 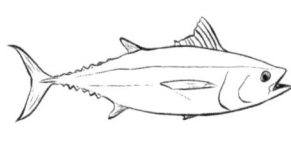

 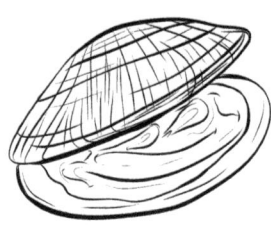  

SEA ANIMALS
ANIMAUX AQUATIQUES

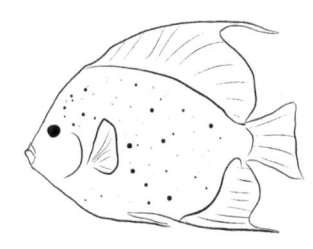 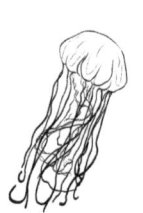  

 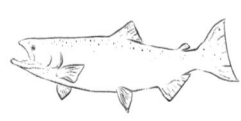  

clam

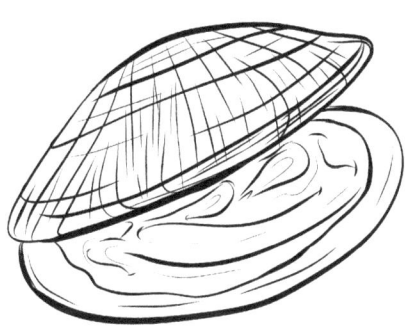

une palourde

crab

un crabe

dolphin

un dauphin

eel

une anguille

fish

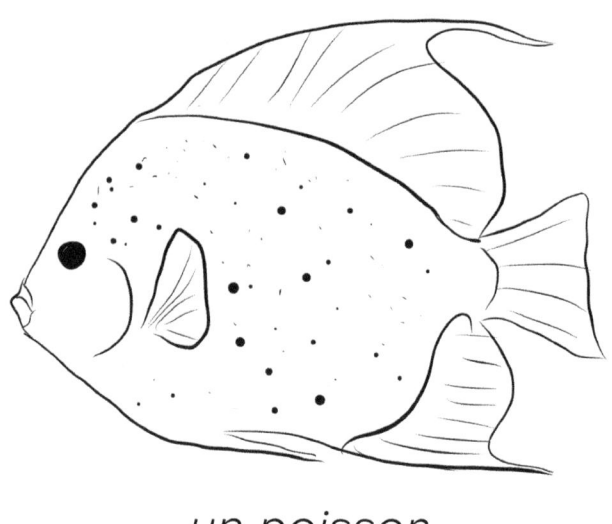

un poisson

jellyfish

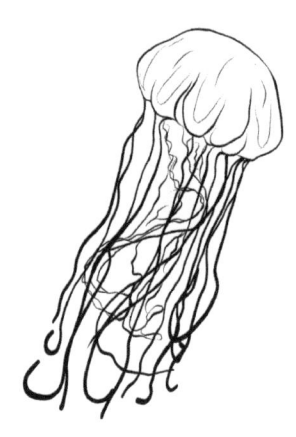

une méduse

octopus

un poulpe

salmon

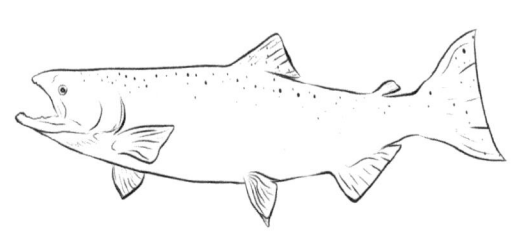

un saumon

seal

un phoque

shark

un requin

shrimp

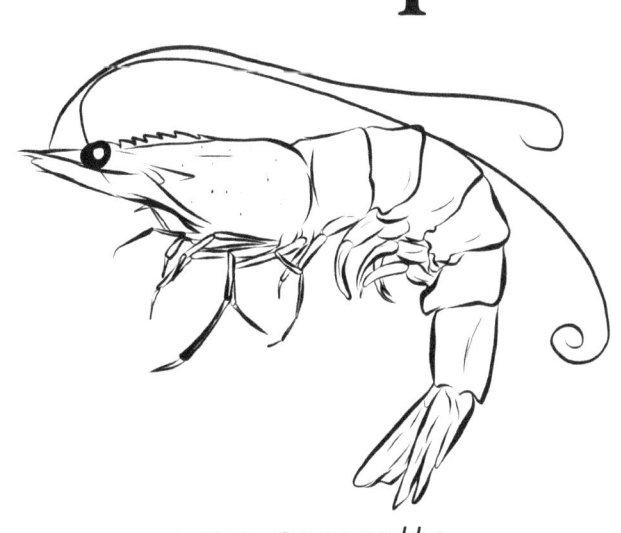

une crevette

squid

un calmar

starfish

une étoile de mer

tuna

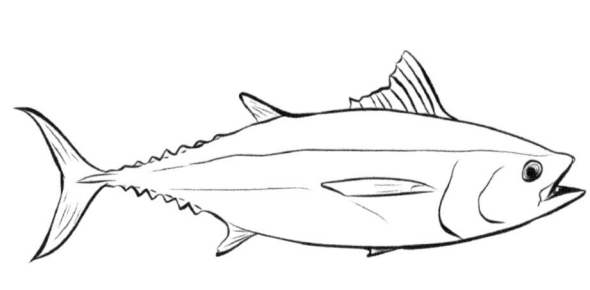

un thon

walrus

un morse

whale

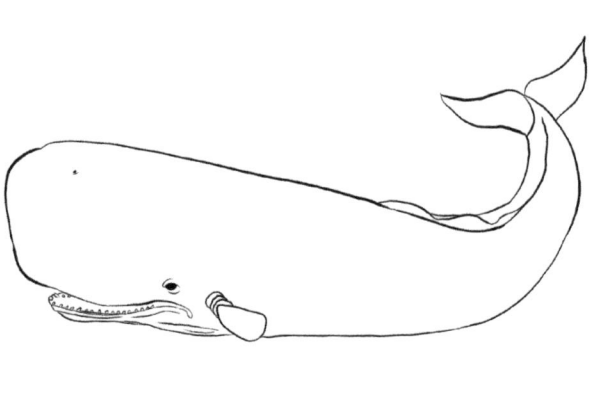

une baleine

REPTILES & AMPHIBIANS
REPTILES & AMPHIBIENS

crocodile

lizard

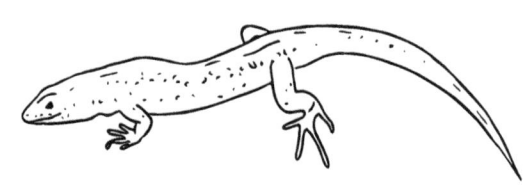

un crocodile

un lézard

snake

turtle

un serpent

une tortue

frog

newt

une grenouille

un triton

toad

un crapaud

MORE RESOURCES BY
LANCER LEARNING COMMUNITIES

THE WORDLESS
LANGUAGE LEARNING GUIDE

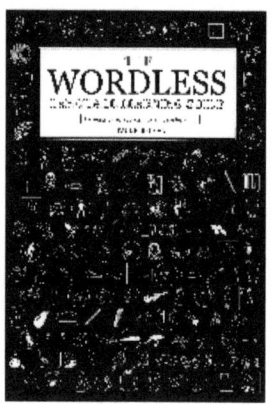

THE WORDLESS
VOCABULARY SERIES

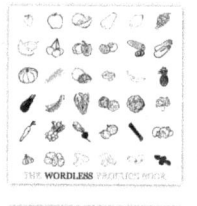

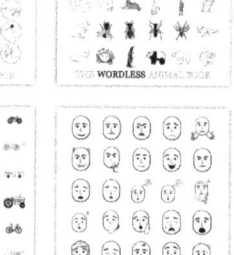

BILINGUAL BOOK FOR MORNINGS

LITERACY TOOLS FOR BEGINNERS

www.ingramcontent.com/pod-product-compliance
Lightning Source LLC
Chambersburg PA
CBHW041200060526
44107CB00138B/937